Raíz de brezo

Julio García Caparrós

Ilustraciones de Alicia García Arana

...si en el puro mármol de los adioses...
José Lezama Lima

Everybody knows
the dice are loaded.
Leonard Cohen

Le strade per cui parti dalla vita
e vi torni, non una innumerevoli volte.
Mario Luzi

Ὁ κόσμος εἶναι ἁπλός.
Yorgos Seferis

Illa ultima puellarum

La escucha salada

LAS ESPECIAS PREFERIDAS DE DESIRÉE

El pimentón
dulce en la verdura
y bastante chile sobre la carne
del aguacate.

Todas las cosas que ahora
nos parecen importantes hablan
de una mañana prodigiosa
antes del pecado.

Como lo que es
abundoso y nuevo
ya desde hace tiempo.

Fue más o menos así:
era que se andaba la chigüina
en medio del jardín.

RECUENTO

Vestida de negro
y con una trenza que sigue
toda la espalda,
has venido a llamar a la puerta.

Mañana
no celebraremos, seremos
serios esta vez con el calendario.

Qué extraño sin embargo
hablar en este momento del miedo
a los cementerios,
en lugar de hacerlo sobre
esta compañía larga.

Porque siete sobre veintitrés
suman mucho, gran parte
de tu corta vida.

Y ahora que lo pienso,
abarcan el conjunto
en la mía segunda.

Ninguna fiesta, sea.
O ninguna otra
que la de esta terraza.
Mientras aspiras de tu shisha
moderna.

Cualquiera
podría confundirnos
con la noche.

BEATA BEATRIX

No voy
a decir nada de lo que fue
aunque fue hace tanto.

De ella
cuento sus ojos de casi febril
entusiasmo desde una galería de tiro
en Las Vegas.

También
el orgullo como una dádiva
o el aire muy de misión cumplida
delante del escaparate
de la nueva City Lights Books.

Pobre Dante
que halló otra que a veces parece
casi ninguna,
rodeada como está de cielo e infiernos.

En cambio
la que yo canto
es por lo menos dos.

Esa que me reta cada vez
y la que firma un armisticio
sin apenas condiciones.

LA ESPERA TAN INFRECUENTE

El sol cuando llega
tiene el nombre blanco y amarillo
de una flor.

En días así
mientras esperas el sol.
Este que nace entre las pirámides
de Copán, me parece que con un aleteo
de pájaro nahuatl.

Sol de princesa maya
que suaviza mis cabellos mojados
con un peine hecho de risa
y luz.

O como la amada
de un emperador francés
por la avenida entera
oh deseada.

Pero a ratos
sólo una criatura más que saluda
a todos los otros animales
pequeños.

LA TERCERA HABITACIÓN

Abrí dos cuartos vacíos
y en el siguiente hallé
su sombra, escuché
su agitada respiración.

Es verdad
que he cerrado la puerta,
que tampoco le he visto
la cara.

Pero como los sueños
son un espejo empañado de vaho,
hoy puedo decir que el intruso
era yo.

Y que además
estoy locamente seguro de ello,
con esa certeza tan típica
de los sueños.

IMAGO: PLAZA DE LA MAGDALENA

El otoño se ha hecho
fuerte en la enorme calle
que va de ti a mí.

Porque es la hora preferida
por los tranvías para seguir
dormidos.

Tal vez también
la que facilita el escape
de los ladrones del as de corazones
y cierra la partida.

Con el brioche untado
de mermelada y esta infusión
floja.

Tan cerca ahora
que no sé si creer
que haya otros asuntos
salvo los interminables.

EXAMEN DE CONCORDANCIAS

Una joven
junto a la fuente.
Delgada y tranquila.

Una joven y la fuente.
En el nacedero, el salto
o el manantial.

Bastante exacto todo,
porque la joven es
una fuente.

THREE SPARKS ON A ROCK

Make sure
that it´s Summer.
You feel the joy
of this shining day.
You can almost hear
the lovely laughing.

The Old Greeks
found three words
to say it.

But
I only see three girls.

Καλὸςκάγαθός
because beauty also means
kindness.

MAMASITA

Vino un mediodía
igual que lo hace a veces
el gorrión hasta el porche.

Es bella y fuerte
como la gente que lo intenta
desde el gran mar.

Que parece
que llega con una visa
de alegría mientras dobla
la ropa.

O si nos acercamos
hablando de todo y de nada
a recoger algunos libros.

Será que estoy de su lado.
Que entiendo esa lengua
de carnitas y durazno.

Acaso
ya como un dulce hábito
que timbra abajo en hora
o demasiado tarde.

CONVERSACIÓN CON EL FANTASMA

Tengo
al despertar, como quisiese
el tenaz orífice de Licario,
de ti la imagen mejor.

La que te dice mientras
entra el sol de la tarde entre los visillos
de color crema.

Y blande su flauta doble
el jinete de la libertad
hasta que se vuelve hacia las páginas
vacías del memorial.

Ahora que no estás,
sin embargo tan manifiesta
que por fin sé quién eras.

COMO UN CAPÍTULO DE LUZ

Arrancan
la tbilat polícroma
con el pellejo bien estirado.

Las castañuelas
que imitan el correr
del agua en la acequia.

Y el melisma sinuoso de la flauta
al que acompasa
la darbuka.

Una música
para el alba y otra
en el crepúsculo.

Ven al palacio de la alegría
y tus oraciones serán
también alegres.

Porque si lees
con los ojos lavados
puede que el libro todo se te abra
como un capítulo
de luz.

HÉJIRA

Me detengo a pensar
que elegiría si la noche
fuese más larga y hubiese
de frecuentar la noche.

De qué parte o en qué sitio
tomará el pan que se comparte,
cómo encendería esa luz minúscula
cuando brilla en algunas casas
al principio del invierno.

Y si podría aprender de otra manera
los viejos nombres en el semillero
de la palabra.

Y si llegaría a dejar preces en papel
de imitación pergamino
o marmoleado,
la mano plagada de conjuros
para que no pueda más el mal
ni sea siempre así la fábrica
del daño.

La emigración,
la salida, la huida
son cosas para ella sabidas.

A PROPÓSITO DEL STRETTO
EN EL ARTE FUGADO

Lo que ella dice
lo doblo yo tan apretados
estos hilos estambres
de silencio.

En tapiz cada vez más pronto
y delgado, exigida esta gota
de noche
en medio del día.

Algo de silencio,
algo de luz.

No sólo lo nuevo,
lo viejo lo prestado.
Y casi seguro que tampoco ya
el azul.

Pues seremos
otros dentro de un rato.

ROMANCE DE FRONTERA

Siempre que cambia
la hora, una menos en Canarias,
parece que lo hace el viento.

Éste que sopla fuerte
al doblar hasta la calle Barrio Verde.
Y por aquí tres adolescentes africanas
me cantan cuando nos cruzamos
I want to break free
perfectamente entonadas.

Creo que a Mercury
le hubiese placido compartir
su cetro con tales marquesas
tan frescas y felices
y negras.

Podrían llamarse
por ejemplo
Aixa, Fátima y Marién
por garridas.

El viento, la hora.
el tiempo
sólo conocen un mandato:
es el de que reconocerás la belleza
cada vez que pase a tu lado.

MAÑANITAS DEL REY DAVID

No hay tanto,
no está tan lejos
ni por tanto tiempo.

Mira bien,
Mira atenta, mira dentro.

Y verás
lo que yo ahora veo.
Que eres capaz del mar,
que mereces ser abrazada
y que Dios se complace
en ti.

VICOR

En el fondo de la sierra,
todavía encaramado
a una loma. Me dijeron
que el bálsamo de aceite
nunca se acaba.

Y de una bien alta
de allí podría decir yo.
Podría de las cerezas
arrancadas al primer
calor.

Si atraviesas el primer manto
de encinas, si llegas hasta el brezo
con el suelo removido
aquí y allí por el hocicqueo
oscuro.

Verás
que ha llegado ella como
una guirnalda de fiesta,
ahora que sonríe para ti desde lejos.

CONVALECENCIA

Cómo
nos entretiene el brillo
en el rompeolas.

Y la joven adivina
escucha trap o música
venida del Magreb.

Nada sabréis de ella
como yo.
Nada si no podéis
ver su plenitud, comprender la dicha.

De un hombre
y una muchacha que se miran
por igual al lado del agua.

LA PEREGRINA DE OUJDA

Está hecha
no de la urgencia
sino de esa plata con la
que se alarga el verano.

Dos que nadan juntos
demasiado no está dicho
que puedan dejarse de lado.

No que borren un nombre
en la estrecha arena
cuando manda el otoño.

Porque con el oro
de la memoria parece
todavía hecha.

ANTA OMRI

Vaya uno a pensar
lo que escucha la linda
norteafricana.
Con esa voz medio árabe
medio francesa, tan sintetizada.

"Mi edad es mentira
mi edad eres tú",
canta una egipcia ciega
que tiene el corazón arrancado.

Vaya uno a saber
lo que piensa
mientras discurre la mañana
en la arena gris de la playa.

DESIRÉE

Me confesó
hace poco que ha hallado
algún copo de nieve
en su cabello tan negro
que parece la noche cerrada.

¿Y cómo? Me pregunto.
Si no conoce, no puede saberlo
todavía el blancor de febrero.

Porque ha llegado
de la manigua llena de pájaros,
en la que cuentan que vive
el hombre de maíz.

Y donde alardean tan jóvenes
como ella los dioses
antiguos.

Astrolabio de mí mismo

trajo milagros de espuma

ESTAMOS REMEDANDO SOMBRAS

Repetir, no,
hacer que las manos
sancionen figuras
(el ciervo, el cisne, la paloma).
Y que sea una cosa
la sombra.

"Con una única
perla del collar
de tu cuello."

De un momento a otro,
pero ya espejeada
por mucho
que reniegue el tiempo.

LA BICICLETA CATÓLICA

Amaina a lo largo la lluvia,
sin desaparecer por completo,
de Via XX de Settembre
en Crema, Italia.

Esa pequeña ciudad
de la provincia
en la que cabe el mundo.

Tal vez porque al mundo
le gustan los lugares reducidos,
aquellos donde nuestra atención
puede tener todavía sentido.

Mira ahora a la anciana,
que pasa en bicicleta, sosteniendo
en un lado el ramo blanco de palma
(es domingo) y con la otra mano
el paraguas abierto.

La veo
como mera figura, epítome
de esperanza y de porfía.

Esperanza
en una vida futura,
acaso con clima más benigno.
Y porfía por vivir esta para hacerlo
todo en ella hasta el fin.

A través de la calle
medio vacía,
pasa Italia en modo superlativo.

El mundo recibido pasa
sobre una bicicleta entera
aunque ya bastante
usada.

DESPUÉS DE SAN JUAN

Entonces
el principio del verano
lo anunciaba el bolero, escuchado
como entre sueños, de un conejo
con el pelaje tan blanco.

Era el verano de Miss América
con ojos azules, cabellos rubios
y labios de estrella de cine (sic).

Por todos los transistores
o en la piscina sonaban Molina
Lodi pronunciado Lo-dai.

Verano de esclavinas en el tobillo
de poemas hechos sólo de luz,
de belleza o eternidad,
repasados mientras la casa guarda
su siesta.

Parece
demasiado tiempo, pero con frecuencia
el tiempo es una simple exageración.
Apenas una manera de admitir
que todo aquello podría parecer
vergonzoso e impropio.

Aunque uno
no se acostumbra todavía.

MALHADADO SEA POR MAL PENSADO

Si lavamos los ojos
también las manos habremos lavado.
Puede que no impecables,
pero sí aliados.
Con una banda violeta en prenda
y todo lo que dije y lo que callé todo.
Se detiene la música desde la plaza,
después de unas cuantas pruebas
y zumbidos. Es la canción preferida
del viejo, porque habla de la luna
redonda sobre el agua
casi en calma. Esta noche prenderán
un castillo de fuego. Pago
por lo que dije, también por lo que callo.
Lo hago entre el olor a pólvora
y aplausos.

Contad a todos
que ya no resta muro alguno.
Que ahora apuntaréis
hacia lo inhóspito.

TODO BLANCO

Entre los guijarros heridos
por el sol del atardecer,
he adivinado
la música enjaulada
ahora en libertad.

El mundo que conoces
es esta osamenta calcinada,
que nadie te diga que hubo
aquí un estanque,

Preparamos
nuestra máquina
blanda
        ahora que se cansaron
los últimos pétalos
de la infancia.

ΕΥΧΑΡΙΣΤΩ

La cámara oscura de los orfebres sólo la alumbra aquella diadema con hojas de mirto. Acordaos de Agamenón como lo hacen las abejas al despuntar la primavera, deshaced vuestros cintos de toda sobriedad en los alrededores de la avenida Egnatía pero plegad la rodilla a la llamada del simandro, entre los frescos del martirio y la transfiguración. No es el metal sino la madera agrietada la que alcanza el cielo, sin competir así con la música más cauta de las horas. Porque esto es lo que hemos venido a oír; esto lo que desanda sus pasos en la carretera, tan estrecha y serpentina, de Megalou Meteora. Y serpientes son las que curan y hieren en el vergel abandonado de Asclepio, acaso ocultas en los escalones sin término, en la cávea del teatro, en los pronósticos del atardecer. Ahora tendrás que averiguar de qué los cabellos de la delicada Medusa bajo el patio porticado, cómo te asalta el miedo al vacío en las esculturas blanquísimas de las islas o en las mujercillas de brazos extendidos, tan escondidas por los rastrojos y las ortigas de la ciclópea Micenas. Tendrás que pagar ahora para vencer los escalones del monte Parnaso, bebedor de yedra en el espelunco de la Pitia, agonista desnudo en el estadio maltrecho por el seísmo y el olvido. Pero no habrá sido en vano, en esta tierra que canta Yannis que es a la vez nuestra y vuestra. No habrá capricho en tomar el pequeño paquebote que recorre la bahía macedonia con las luces de la noche. Y es lo que has sabido, lo que te asaltó en cada una de las estaciones del viaje: la belleza orgullosa de las muchachas de Tesalónica, el bullicio de Plaka cubierta de terrazas o el continuo del buzuki entre los bailarines de Psiri. Se mezclan las ciudades como en un espejo: la riqueza de una es la decadencia de la otra. Querrías ser uno de los lacedemonios que imaginaron su gloria y su desgracia en el angosto tajo de las Termopilas. Querrías ser el Apolo del templo y el Apolo cristiano en el valle que se vuelca al mar. El anciano que porta una rama de olivo querrías ser, amurado también de su devoción tan larga, y besar los iconos desgastados por los besos. Pero todo esto no se da por nada, tienes que pagar por ello. Tu óbolo es el corazón un poco más agrietado, el dolor de los regresos y el hundimiento de la despedida. Compartir el pan de centeno y las aceitunas carnosas, el vino curado por la resina, la frescura del ágora por la que paseara Alcibíades para tentar a Sócrates el intangible, todo esto desearías compartir con aquellos que no están a tu lado. Con los que vinieron hace años y con los que todavía no lo han hecho. Con todas las mujeres que te abrazasen y con las que tu abrazo rechazaron, con todos los hijos que tuviste y con los hijos que no te tuvieron, con las canciones que no cantarás jamás ahora que tan bien se presiente el ocaso de las canciones. Sentirse tan antiguo en esta Grecia antigua es un obsceno hábito, una necedad que repite cada vez mejor sin que nada mejore por ello. No lo hace la melancolía en los paseos solitarios en torno a las tumbas del Cerámico ni tampoco la alegre embriaguez en la sórdida plaza de Gazi. Y no envejeces porque estás más allá de la edad, del tiempo trabajo de ilusiones y de fracaso. Eres de mármol, de marfil astillado, de bronce que ha manumitido un fondo lleno de algas y pólipos. Eres leyenda, relato que un abuelo contará a sus nietos y conseja que la criada repite al niño asustado cuando no desatento. Yo estuve allí, te guié en la tiniebla peligrosa, me confundí con la luz cruel de Grecia, te mostré la escena del pensamiento al mismo tiempo que la escena de lo impensado.

MI OTRA JUVENTUD

La estática
cruje como el viento amarillo
que atraviesa el mar.

La novia egipcia
se duele del final de los romances.
Y un coro de obreras textiles
canta la belleza del timonel
en Radio Tirana.

Suenas igual que esas emisoras
que ya no suenan.
Eres la señal que ha de atravesar
años luz con diligencia.

Albérgame.

EN UNA CAZOLETA DE RAIZ DE BREZO

Busca la protección
de la mañana de cellisca
en la cuesta de los mercaderes.

Se resiste contra el viento, lo hace
contra su ausencia
mientras escucha los cuentos
del bravo Ulises siempre como
si fuera la primera vez.

No dejes que ocurra, que se vaya
con las telas endurecidas y la pintura
falsa del olvido. Retén los frutos pequeños
y nuevos por encima del miedo.

Hay un chasquido,
nace de la brizna ardiente
en medio de la ceniza iniciada ayer.

Todo ocurre
cuando mantienes
que nos asomamos a ese volcán
portátil.

POCO MÁS

Del país de la juventud
traje briznas capturadas
por la piedra ámbar.

Recuerdos del templo
cuando se ofrece una tórtola
y del pan con aceite y azúcar.

Las pocas cosas de entonces
o el hábito, como una segunda
piel, de lo maravilloso.

Desde el embarcadero rojo
de mineral
o en la rambla que una y otra vez
conquista su avenida
de agua.

Con qué alegría
desbarato el arco iris
en cada giro del caleidoscopio.

Cómo me viene
la subida al castillo árabe
entretenida por el viento.
Porque lo maravilloso
es siempre una ciudad
de viento.

Y el mar
poco más que un espejo.

LUZ ANTIGUA

La de los inviernos
con el hielo en el bebedero
de la fuente.

La de las clases robadas
y la camisa de escolar
revuelta.

La del sepelio
de un mínimo centurión
por completo despiadado.

La del epitalamio
de violetas
leído dentro de la máquina
desmotadora.

A lo mejor esta luz que vuelve
desde lejos y que te hace
de pronto rubio
como una moneda todavía
en curso.

GAZTAMBIDE BAJO LA LLUVIA

El agua
salta sobre el agua en el balcón.
Mejor omite las visiones.

No habrá ninguna
otra travesía química.

Todo sea,
sin esfumado alguno.
Mientras la gente
baila en los subterráneos
un paso brujo.

"Vamos rumberos
que la rumba va a empezar."

Dicen
que han cerrado el Rama Krishna
y que salen dagas
en el Amok.

La juventud
corre como vino de mistela
derramado sobre el mantel.

Prometo que tendré en cuenta
el pavor de algunas citas
a media tarde.
Es lo menos que puedo hacer
mientras rebusco
mi ejemplar de una temporada
en el infierno.

OUM KALSOUM

Mira cuánto polvo
rubio y rojo
arrastra el jaloque.

Rechina la radio
en la caseta de la playa
con la cal cansada.

Me dijeron, me dijeron.

MANUAL DE METAFÍSICA

Por encima del tiempo
la quietud junto al mar.
Despedirse es algo
que ocurre por debajo
del tiempo.

Y al lado, justo al lado,
este poema que ahora termina.
Pues aunque vino de lejos
lo ha traído el viento.

El airecillo medio dormido
que hace temblar los estandartes
de oración llegó de repente.

Ha atravesado neveros
en los que se oculta la madrina
de la tempestad.
                    Ha probado el siroco rojo
que trae un beso calcinado
desde el desierto.

Cuartea, hiela,
cauteriza pero cuando llega aquí
es sólo el ligero temblor.

Por entre los pináculos
Om namah shivaya namah om.
Nada más que el oro viejo
y la ceniza guardada
en una botella de vidrio violeta.
Los ocres, el azafrán nada más.

Y este ligero temblor con el que se mantiene
todavía el mundo.
Y esa letra ahora te tatúa el pecho.
Te convierte en plegaria
como una banderola medio rasgada
por el viento.

SOY UNA LLAMA

Mirabas
como la que admite
quien recogería toda
la loza rota al terminar la fiesta.
Asentías pero con
el loco hábito de tener razón.

Es bueno que hayamos envejecido
casi sin mentirnos.
Por eso te llamé Sara,
para que me dieras un pueblo.
Te llamé Raquel
porque no podía olvidar
el fuego.

Como un fuego te nombré.
Y ya no llamo desde entonces.
Digamos que te dejé
igual que Rut,
aunque no fuera esta vez
tu nueva tierra extranjera.

Te toqué vestida de Ester
en el baile de las suertes.

Tú disfrazada de tiempo,
yo de eternidad
disfrazado.

NUNC DIMITTIS SERVUM TUUM

Tantas
las palabras que se esperan
y sin embargo ninguna
voz empaña la cristalera
de la estación.

Es Milano Centrale,
has llegado
como quien se frota
los ojos después de una batalla.
Como quien
cree que la derrota fue un sueño
y sólo le pertenece a la victoria
el despertar.

Entre dos edades, soy el último
de una y de la otra el primero.
Pero es tiempo, dime que es ya
tiempo.

Por el camino he visto
casitas de campo,
las altas espigas de maíz
que pronto conocerán
la siega.

La jornada no fue en balde,
ahora estoy satisfecho.

¿Quién habló de silencio?
Lo que se escucha en el vestíbulo
amontonado de maletas
es el canto de Simeón.

DEBÍA DE SER LA EDAD BRUJA

Como que ver
no era la tarea más imposible,
incluso si resultaba
que no querías ya ver.

Era una hora de banderas peligrosas,
como de una detonación
en la avenida. Tienes que apretar
cada puntada, dentro de la cazoleta
que impregnan restos
oleaginosos.

Recuérdalo
cuando entre fuerte el viento
del noroeste por el valle.

Este año de cabellos largos,
como una petición o un manifiesto
por cada nuevo muerto.
Este año con juegos incandescentes
tras el papel de celofán.

Aunque la edad
siempre la atravesemos a oscuras.

NADA PERDIDO

Es posible limpiar la ceniza
del pebetero
una vez acabada la ceremonia.

Pero cuando lo haces
también remueves el aroma
que se había guardado frío
tan adentro.

Hay una hoya
que no es tuya ni mía
con el monasterio flanqueado
de cárcavas en ruinas.

Podemos recorrer
el desierto de arbustos
y palmas.

Pero si no partimos
la palabra
para que no sea tuya ni mía
¿qué habremos ganado?

Desde entonces

memorabilia

REGRESO A SAMARIA

Mirar
el agua congelada
en la concha de hierro
en el parque.

Escribir su nombre,
guardar una moneda
en la corteza del árbol.

Salpicar los nenúfares
en el estanque.

O a lo mejor detenidos
en un abrazo muy fuerte
una vez que hemos apartado
los juncos de la ribera.

Tener sed
en la falda del monte
Garizim.

Y cantar
entonces esa canción
como un pájaro en el alambre.

Todo os aseguro
que fue en horas de clase.

ALMERÍA

Las casas bajas blancas
de la playa
tienen un festón
de calima por la mañana
temprano.

En la cuesta de la alcazaba
palidece una guitarra.
Ahora que todo reverbera
en el aire caliente
y corean las cigarras.

QUEDAMENTE

Qué sabe
la palmera cuando medra
demasiado al norte.

Qué aprendimos
en el jardín de los mirlos
aunque fuera hace tiempo.

Había una oportunidad
para la vida.
Estaba entre nosotros,
los salvados.

Se nota en el revuelo de estudiantes
y en los cigarrillos dorados
junto a la puerta del oratorio.

Invisible, inmaterial,
no prohibida.
Igual que un paisaje que ya no está.
O acaso de esta manera,
redimido ahora por la ausencia.

LA GRANJA DE PAVOS REALES

Aquella loca
gritaba trabájame Señor,
me acuerdo de todas las
excepciones que fue capaz
de hacer contigo.

Aprende ahora a escribir
con un tizón encendido.
La próxima noche que te vea
te preguntaré cómo es un río
además de denso y rojo.

Porque siempre habíamos
hablado de la gracia
pero no lo supimos
hasta mucho más tarde.

Si es que alguna vez
lo hemos sabido.

EN EL BULEVAR

No miraste tú
tampoco saludé
yo. Si hubiese sido un poeta angélico
mencionaría los ojos
almendrados.

La voz dulce
de la nueva hermana del héroe
bajo el sol latino.
Mucho antes de que yo mismo
hubiese conocido la luz griega.
O el vino curado
con resina junto a la sinagoga
blanca.

Me llama
esta provincia de cedros
y palomas. Los vínculos que importan
toleran mal el tiempo pasado.
Busca la palabra nueva para alguna pregunta
que hoy, de repente, se hace inmemorial.

Hasta cuándo vamos
a estar así de *sefarados.*

MERCADO CALLEJERO

A punto siempre
para lo maravilloso, que es la sorpresa
de cada día por seguir siendo día.

Hoy elijo pan de trigo y centeno
donde gobierna tu apellido.
Hallo cuentos que quieren
alzar el vuelo.

Y un cuenco verde y azul,
con un pentimento de caligrafía
kanji, me parece tan alegre
en el arcón
de las oportunidades.

SALERNO DESNUDO

Llégate hasta
el oscuro callejón
con las venecianas
entreabiertas
y la ropa gastada.

Mejor hazlo
hasta el patio blanco
en el que murmura
la fuente.
Como un lazzarone
junto a la capilla griega.

Y elige los signos
adecuados:

El árbol de la vida
cerca de su brote,
también la bandeja
con los ojos seccionados
de Santa Lucia.

PORTOFINO

La vida era
así, una intriga de la multitud
ahíta de ocio.

El sol restalla
en el agua del puerto
cuando se lo permiten
las nubes.

Me parece que mi madre
halla aquí el argumento
que siempre creyó merecer.

Protegidos por una toldilla
beberemos entre los geranios
este Bisson Vermentino
casi helado.

Celebremos
que alguna vez el mundo
fuera así.

Y que por hoy los mejillones
resultasen pequeños
y sabrosos.

PIAZZA CASTELLO, MADAMA

Isis y Neftis,
en medio de destellos navego
con mi barca celeste.
Salida del Alma a la Luz del
Día, XXXVII

Flamme bin ich.
Friedrich Nietzsche

Que no haya
dejado de cercarnos
la niebla menos al final.

Es como para preparar
una ofrenda de cenizas
y rosas.

En cambio
prometí a Rocío
una fotografía en Via Carlo Alberto
porque el cochero golpeaba
al caballo y el catador de venenos
descubrió que era mejor a ninguna
otra parte.

Hacia dónde se alejan
todos esos esquifes de madera
coloreada,
para qué empujan la pértiga
o el remo. En el colegio de nobles
la serpiente se enrosca
sobre una página de piedra.

Creo que subirá con dificultad
el humo con el que asan castañas
junto a la sinagoga llena
de linternas mágicas.

Pero nosotros
recorremos el sendero

que domina tanta hojarasca
no menos que la hierba húmeda.

En el próximo puente nos espera
este puñado de silencio
entre un turbión de voces.

Aunque lo haga
casi al final.

Mientras el otoño
ensaya su romanza en la ribera
del Po.

DUBLÍN

El olor de humedad vieja
entre tantos libros,
las pintas ora de carbón
ora de cobre.

Si añadimos la llamada
de las gaviotas que remonta
un puente tras otro.
O la marea baja junto al fortín
circular.

Que la tumba de Carmilla
hubiese desaparecido
en el espacio vacío
que hay entre Lyons
y Spakowsky.

Entonces habrás bailado la jiga
bajo la lluvia
porque estás de alguna manera
en casa.

TIEMPO ANTIGUO

En una isla
llena de rocas y olivos
hemos hallado por todas
partes laberinto.

El anillo
de la benevolencia del delfín
junto al hombre
habrá que mostrar
varias veces.

También
la luz blanca del rayo,
si es que pudiera elegir
además su temblor.

NOTAS DE LANCELOT

Incluso la verdad
que se arrastra, la que se hurta
debajo de una mata de sapillo.

Imaginar que el océano sea
poco más que un río.
Anotar los efectos de la luz
sobre el agua.

O acaso su defecto
como si fuese un pequeño crustáceo
albino y ciego.

Escribir o más bien guardar silencio,
a sabiendas de que todo lo que traiga
el poema
será a beneficio de inventario.

LA CASA DE LAS BUGANVILLAS

No las de aquella púrpura salvaje
como las que hallaste
al descender del templo
levantado para culto de Atenea Lindia.

Y es que ellas
parecían un atentado de arcaica
hermosura perpetrado contra la pureza
del enjalbiego.

Ahora tropiezas en una villa medio
arrumbada de otra playa
con unas amarillas como de papel
golpeado por el sol.

Nadie aguarda en la terraza,
porque en su lugar quedan las columnas
de un cenador desierto, casi ostentoso
en su propia desnudez.

Eso y una escalera
que no conduce a parte alguna.

OSTENDE

Debes
de llevar todavía
prendido el mercurio helado
de las luciérnagas.

Con los ojos
habías recorrido un sendero
de provincia.

Y ella, en la oficina
de cambio,
que te pregunta si eres
de Folkstone o de la bahía
de la margarita.

Aunque el cielo
esté demasiado gris
para semejante travesía.

CLAUDINE

Alguien diría
con bastante razón que su profesión
fue alguna vez llevar un nido de bailarinas
en la cabeza.

Retiré, Grand Jeté, Spagat.
En el espejo entero se multiplicaban
entonces los movimientos.

Mira,
el tiempo sobre todo
es una lección de entusiasmo.

Hasta me parece que la gracia de ayer
todavía hoy arregla sus litigios
con la gravedad en bicicleta.

Desde aquella veranda todo lo aprovecha,
incluso abre algunas tardes de estío
el libro con poemas muy pequeños
y con pinturas de bellas
medio dormidas.

AUTUMNO

Ho fatto
una passeggiatta
al mare
con la mia mamma.

Quasi
mezzogiorno.
Autumno quasi.

Il sole ha disegnato
sull acqua
questa stradina d'argento
accanto a noi.

Ecco
una confezione
regalo
da settembre.

CON MUCHAS ESCULTURAS

En el parque
que pasa al lado
de esta otra rada.

En esta ciudad amurada
contra el oleaje.

Ocurre que la joven nos dice a cada paso
el nombre de los arbustos,
por ejemplo el pimentero brasileño.

Una vez que hemos dejado atrás
la universidad ahora cerrada,
los metales polícromos
u obligados por abrazos imposibles
al servicio del aire.

PRIMER PASEO
Y UNA NOTICIA DE CHÉTRIEN
DE TROYES

La maceta
de pervincas rosas
se deslíe en el cielo
de la orilla al atardecer.

Su compañera
de flores blancas seguro
que aguardará hasta el alba.

DESPUÉS DE FIEN

Mientras dure
el temporal no menguará además
el sueño. Para que arrastres el balastro
hasta el mar de ojos azules.
O la zahorra sobre la barca si es que has decidido
subir
con el elemento fuego.

Es fácil, supongamos entonces cualquier
aventura. Escribo sin ir más allá
σε αγαπώ καρδιάμου
junto a una mujercilla micénica
de terracota.

Si es que no pienso
en cómo era ayer.

JARDINES DE LA CONCORDIA

Durante la noche
ha ganado el hielo
la venera de fundición
en la fuente.

Algunas
de las revelaciones
se dan en el parque,
siempre que decidas
no ir a clase.

Porque
lo inesperado viene
cuando te convences de que basta
del pecado de tener razón.

Como un gorrión
sorprendido sin techo.

MALPAÍS

Me invitaste
a un paseo por la luna de los sordos.
A un almuerzo en el planeta árido
de los que dicen que hoy no
casi cada mañana.

La vida es grande al parecer
incluso en las condiciones más chicas.

Fíjate si en una hora puede falsificarse
el paisaje qué no ocurriría durante
seis años.

Dame un bancal de arena
un cercado de vides,
una pulsera de olivina conseguida
contra las manecillas del reloj.

Dame cualquier cosa
que todavía podamos recordar.

SANTA MARIA DELLE GRAZIE, SONCINO

¿Sabríamos
repetir la lectura del último
cuarteto ahora?

¿Y qué se repite ya
en verdad, qué nada sobrevive
acaso lejos del poema
mismo?

No es una colomba,
como de leche tocada por la luz.
Sólo un piccione entretenido
en el foso.

Parece que la primavera
ha arrebatado los signos.
Todos menos Pentecostés
y el fuego.

Menos la escorrentía furiosa
sobre los brotes,
porque hay que hurtar
con un paso de danza el agua
igual que la llama.

Es lo que nos deja también
el soplo de la palabra
si quieres.

CANCIÓN DE BILBAO

Esta luna del viejo Bilbao
que no quiero olvidar rápido.
Kurt Weill

Había poco que decir,
no hubo conversación.
Bob Dylan

¿Cómo
se podría recibir,
de qué manera merecerlo
si ese día no fuese el día
de las langostas?

En cambio, hoy dan ganas
de encender
las nueve candelas.

El amanecer junto a la ría
nos hace andar sobre adoquines
mojados
y un enorme anillo de hierro
casi cierra el aire delante del palacio.

Habrá que apretar todo esto,
no dejar que resbale como lo hacen
a veces la flor de la boca
o el ramillete cenceño
de lo que queda al resguardo.

De la solicitación

y mensajes en cada botella

LA OSCURIDAD EN CASA

Nadie sabe
qué significa hospedar
hasta que no tiene invitados
de los que llegan de pronto
y por la noche.

De esos que quiebran la lámpara
o ahogan la palmatoria
con una corriente de aire
junto a la puerta.

En la jamba derecha
hay depositada una plegaria
porque nadie sabe.

Y ahora parece
mucho más fácil servir
a los huéspedes pues entre tanto
llegó la aurora.

ES LA MEJOR PARTE

Necesitamos
toda la gracia de la que seamos
capaces. El brillo primero
de la mañana necesitamos,
no menos que
la primera quietud del atardecer.

Así, que sea, dices recogiendo
la pequeña alfombra
de color azafrán.

Amén parece el instante más fértil
de la oración.

Todo con bien
en el joyero de la jornada
y un movimiento de pájaros
antes de que lo demás se inunde
de silencio.

RAHEL

Es esa moneda
acuñada con dos rostros.
Por ello tan incierta.
Y que ahora cae, resuena
contra la helada piedra.
Me preguntas si habrá manantial,
si arroyo aún menguado detrás de la duna.
Mas el desierto entonces no sabe de otra promesa
cuando miras: va en el ser del desierto
el que termine. Apenas
un paso en el ventisquero,
el tránsito o el ruido del denario
al resbalar hasta el suelo.

Tan pronto
como sobrevenga esta pérdida
ensayaremos todas
las disculpas.

ICONO DE ODILON REDON

Lo dicho pende
del decir y este del silencio.

Vemos la onda del guijarro
en el remanso
mucho más tarde
de que lo hayamos escuchado
rasgar la superficie.

Porque la única vez que escribiese
para todos nosotros
lo hizo sobre la tierra
y se lo dio luego al viento.

PARA LAS BODAS

Uno que no quita
la sed a pesar de que sacia.
Que deja sobrio
después de la ebriedad.

A ver quién vigila
la guirnalda
desde la medianoche
hasta el alba.

Tendrá que ser
con el vino mejor.

LA PERLA

Dura tan poco como lo hace
en el lóbulo o en el cuello
de la bella si se dibuja
la luna.

Con un golpe
sobre la oración, durante
el sueño, a veces por juego.
Como quien extrae
de la carne su nudo de espinas.

Y cuatro ángeles
acompañan a la pregunta
de Fátima:
¿Qué dolor te asalta,
cuál es tu sufrimiento?

Ahora, por un instante,
has sentido el fulgor
de la perla.

CANTIGA DE AMIGO

La barquilla
dormida atraviesa
el mar.

Y qué complicado
es a veces el mar
cuando dormimos.

En la otra orilla hace señas
la amiga del alma.
Has llegado otro día
más.

Bienvenido
al alba.

NOVELA

¿Quién asegura
de dónde viene el viento
que ha perdido
el grano? ¿Quién a qué palabra,
acaso más alzada, obedece
este silencio? Ninguna página
hay vacía ahora. Todas
son nuevas de pronto
en el relato. Cosa vuol dire
Bereshit, signorina?
La pregunta que se repite
desde entonces. En el telar, con el
pigmento sobre el tímpano.

BERESHIT BARÁ ELOHIM
y todo el viento,
todo el tiempo desde
entonces.

LA PRUEBA DE TOMÁS

No le bastó con la palabra, algunas noticias
es silencio lo que exigen.
Tomás pedía la herida, el mordisco
del hierro en la carne.
Necesitaba palabras que fuesen ellas mismas
un tajo o una cortadura. Y metió su dedo,
abriendo el labio tumefacto.
Probó, disconforme, con tantas cosas
imposibles.

Más tarde Caravaggio, el Merisi
dispuso con astucia toda su umbría.
Aunque sea para decirnos
que ahora la llaga lo ha impregnado
de luz. Es que debajo de la piel,
hasta el centro del dolor,
lo que uno espera es el alba.
Ese parece nuestro final preferido.

Mientras tanto los castaños alfombran
con sus hojas amarillas y anaranjadas
el santuario. Hace ya frío y toda visión
suele ir acompañada de un nacedero
nuevo, nimbada de agua clara.

Preguntadle
si no a Giannetta
por si ella fuese también
probada.

MAR SOSEGADA

Se esconde
el viento entre la calma.

¿Podré cercarte
ahora que la vela
afloja?

Y crees
que anda todo dormido.

La pregunta
no oyes porque se hace
de alma a alma.

ESTE ERA EL PROPÓSITO

Como quien
mira al cielo quiero
cantar quedo.

Con voces
tan cerradas a menudo
que parecen
una rosa temprana.

Cantar breve
quiero para que tu nombre
quepa en un silbo
de ave.

Seguro
que en un latido.

LA PRESENCIA

Hay eso
que sólo parece llegar
de verdad luego.

Porque para la verdad
también se ha hecho
tarde.

Y sabes.

ES TIEMPO

Si es ahora,
si siempre, nunca o
aún no,
no lo podemos columbrar.

Nuestra sola tierra,
la inminencia.

RESTITUTIO AD INTEGRUM

Todo te será retornado,
porque la oscuridad es larga
y eterna la luz.

Te serán devueltas las mañanas
con la fuente de la venera helada
en el parque.

Las clases perdidas de historia del arte
y el beso que nos dimos entre los juncos
apaisados por el viento.

Tuyas serán
estas gastadas herramientas donde
arriesgaste como el jugador más osado
todo tu prestigio.

Vueltas y revueltas, corsi e ricorsi
de una obra maestra apropiada
a su gran siglo. Todo regresa a ti
como nuevo, apenas mancillado
por la vida que fue.

Unidas la oración
del niño que pide al ángel custodio
con las manos juntas, de rodillas ante el lecho,
y la primera caída o la traición
del amigo.

Nos decimos que estamos aquí,
a tiempo.
Porque ya no queda
apenas tiempo.

Desvíos sin medida

sin principio ni final

ETERNAMENTE YOLANDA

Que nadie diga
que el orden de los acontecimientos
obedece a su justa hora.

Nadie que no escuche además
la oportunidad del misterio.
Porque siempre resulta demasiado
pronto, insensato
siempre.

No pudimos poner
el óbolo exigido ni sellar
temprano los párpados.

Pero si prestáis atención
aún se oye desde la otra orilla:
Al pasar la barca me dijo el barquero
que las niñas bonitas no pagan
dinero.

SALMO

Te miré
pero tú ya me habías
mirado. Te busqué sin
saber que ya era
hallado.

Este es el secreto
de todas las tramas
del amor. Que nuestro salterio
había sido pulsado
antes, que somos siempre
electos cuando elegimos.

Así que no había
ninguna buena razón
para creer que fuese
diferente con el rey David.

Nuestro fondo
estaba del todo sondeado
y escrito en una piedra blanca
nuestro nombre.

[A Leonard Cohen
In memoriam]

EL TRABAJO DE LA LUZ

A Jesús García Segura

El teodolito
es un ojo más avezado,
buscador en el campo de centeno
cornezuelos y abrojos. Posee una mirada perfecta
aunque son muchas las cosas
que se hurtan a su mirada
perfecta. Por ejemplo los tojos espinosos
o esas pequeñas yemas
en la hoja del helecho. No ve a las campesinas
de rostro duro.
Ni que hacen oscilar sus guadañas
como el pico de aves de una
era muy anterior.

Pero la noche
es irrelevante para una mirada
perfecta. Le bastan
con la cifra, el número y la fórmula que leerá
en la mira a la mañana siguiente.
Quién sabe qué apuntará ahora
o dónde. Para qué sirvieron sus afanes
además de para escribir
estas palabras.

CENOTAFIO PARA JANE BIRKIN

Ha cruzado
su dedo índice sobre los labios
como pidiendo silencio. Con una sonrisa
de panela y un cielo al amanecer
en los ojos.

Creo que había una hermandad entera
consagrada a la pequeñez de sus senos.
Recuerdas pero no más, de vuelta a la vida
y a cualquier otra canción.

Jane de briznas de tabaco inglés
entre los labios, eligiendo al mismo tiempo
las manzanas más dulces y la tentación mejor.

No la busquéis aquí, en el túmulo
de estos versos estremecidos. Más adentro está,
junto a todas las veces que prometí
en vano apartarme de las cosas que perecen.

A UNA GRAN DESCONOCIDA

Pienso que lo que creías
de la luz ya lo sabes.
Que no te hace falta un aparte
en la conversación para decirlo.

Que las palabras que más importan
están cargadas de silencio.
Que las páginas más bellas
de cada libro son las que faltan.

Y sé que todo eso que pienso
lo percibes en un instante.
Porque primero estuvimos
ciegos, pero vimos luego.

HUESOS CON MAZAPÁN

Es sabrosa
la vida de los sabios,
también la muerte que ahora
conmemoras.

Y aunque a veces te parezca
que se perdió en la antigua vorágine,
no dirás que no tuvimos tú y yo
nuestra propia leyenda dorada.

ANTONIO Y LOS ÁNGELES

Por mucho que avance la tarde
no parece que venga a llamarle
la trompeta del coliseo.
Dormir un rato, la suave bondad
de la sonrisa y vencer con astucia
al parchís le bastan.

Y aunque no creyeses en los ángeles
notarías el revuelo que le acompaña.
Porque uno te dice que cada plegaria
es la ocasión del Reino,
mientras otro sabes que guarda
la misma memoria a la cirugía
que al alma.

Hay alrededor de Antonio
una cierta claridad, podrías llamarla
generosa.

Por mucho
que avance la tarde.

LA NOCHE QUE VOLVIÓ TOTI PALACIOS

Lo hizo de improviso,
medio oculto tras un expositor
de libros.

Venía
de la yedra del pasado aparte
y de un tiempo que aunque
intenso entonces ya resultaba
confuso.

¿Sabes? Es que no soy el viajero
preferido para los regresos.
De hecho, mi poemario italiano
se presentaba
como rescatado de gran marejada.

Él me sonrió con enigmática picardía,
yo creo que a imitación del juego del escondite
en la película del tercer hombre.

Y luego, casi con la misma rapidez,
se desvanecería en el plano general
de lo irreversible.

Durante dos o tres días
nos fuimos contando historias.
Porque ninguno pudimos adivinar
que la escena estaba a punto de cerrarse
con fundido en negro.

COLUMBARIO DE EDITH STEIN

Hay nombres que están cargados
con el nombre de otro.
Nombres como una piedra imán
que trenzan alrededor
su campo de fuerza.
Y que de repente se llenan
de significado.

Así tú
desde la fotografía de color sepia
en mi antiguo despacho
de Jefatura,
con tu crencha cartesiana
dividida sobre la frente.

Y tú fumabas y yo fumaba,
más aficionada al baile
de lo que uno nunca fuese.
Pero ahora desde este salón repleto
y con un cigarrillo turco
entre los dedos.

Acuérdate de tu pueblo,
de las tribus perdidas
o del pacto del arco iris.

Teresa Benedicta acuérdate
ahora porque los trenes perdieron
contigo algo de romántico
encanto.

Recuerda el ascenso
de Isaac al monte, apúntalo todo.
El abrazo de Simeón
en el templo.
Todo eso recuerda.

Dos torcaces para ti.
Mazel Tov, novia de Jesús.
Buena suerte princesa.

Un poema, una ilustración

Estamos remedando sombras

Poco más

Mercado callejero

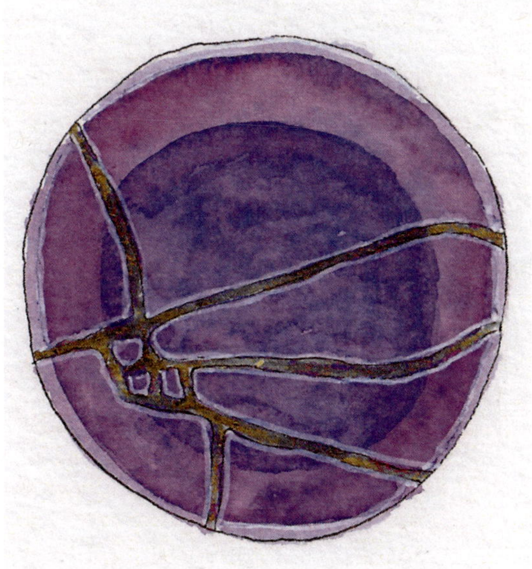

Soy una llama

El trabajo de la luz

YO TRABAJO EN LO OBSCURO

A modo de epílogo o sobre las tareas de una terminación

Si le pedimos explicaciones a un poema, tal vez consigamos una respuesta que no era la esperada. Si no lo hacemos, eso sí, no habrá ninguna. Quisiera de esta forma, sencilla y espontánea, comenzar el introito para *Raíz de brezo*, la última summa poética de Julio García Caparrós; un libro que, sin embargo, no se entendería sin *Los días cardinales*, por más que los separen casi cinco décadas. Esto habrá que explicarlo más adelante. De cualquier forma, a partir de que, en 2017, apareciese en esta misma casa editorial otro libro suyo, *Muestras de papel italiano*, lo que suponía de todo punto una ruptura del silencio poético al que se había consagrado durante años, he tenido el placer singular de prologar o epilogar cada una de sus obras sucesivas. Lo he hecho siempre con la sensación de estar trabajando en la oscuridad y a solas. Una vez aclarado esto, ¿por qué digo entonces que este libro, último del poeta hasta la fecha, no se entiende sin su primero, publicado en 1977? La respuesta parece, por demás sencilla, y tiene que ver con una invitación que tuvo lugar entonces: «Recuérdame cuando me haya marchado / en el pobre lado de una página vacía. / Escondido / en la maleza rocosa / de lo visto»[1]. Ya habíamos sido, pues, avisados: no hay poema sin experiencia y cada día es una línea más en esa experiencia. *Nulla dies sine linea.*

Aunque envuelto en el humo incipiente, de surrealismo con aroma a sándalo de aquellos días lejanos, todo quedaba ya en manos de la autobiografía poética. Julio García Caparrós escribía ya con nombre propio para esclarecer y desbrozar el lenguaje, deseoso de no adulterar nada y afrontar simplemente lo que tiene delante. No importa lo imbuido que estuviese aún de las propensiones de su tiempo y edad, pues aquí había un desligarse de lo simbólico. Una firma, en definitiva, con su propio nombre. ¿Qué tenemos, entonces, en las manos, cinco décadas después? La constatación, me atrevería a decir, de que García Caparrós no ha hecho jamás otra cosa que concedernos el privilegio de leer algo parecido a lo que puede llamarse una autobiografía poética, que no es tanto el pasaporte, el documento de identidad de un sujeto concreto, como sí una hipotética tarjeta de alteridad

[1] GARCÍA CAPARRÓS, Julio, Antonio Bueno, Julio Lobit. 1977. *Los días cardinales.* Guadalajara: Ope, p. 9

de sus transacciones con el Otro, incluso con esos otros que el poeta mismo lleva dentro de sí. El escritor parece decir, como lo hizo Michaux, «estoy habitado: les hablo a los que-fui y los que-fui me hablan. A veces experimento una incomodidad, como si yo fuese extranjero. Ahora mismo forman toda una sociedad y acaba de ocurrirme que ya no me oigo a mí mismo»[2]. Los avatares de una alteración. Los reveses de un ser alterado. En otras palabras, que los poemas de *Raíz de brezo* no son sino la autobiografía de una sed. Somos obstinados en lo obscuro, perseveramos.

El trabajo autobiográfico del poema, en su búsqueda, en su terquedad, no pretende, pienso, reconstituir la génesis de un individuo (así solo vería, él mismo, cómo llegó a ser quien es) sino revelar cómo se va desmigajando, poema a poema, libro a libro –no olvidemos que las cinco partes en que se divide forman, de alguna manera, un pequeño libro cada una-, ahuecado por su sed, vaciado por dentro: cómo entró, paso a paso, siempre (no) más allá, en lo anónimo y lo impersonal, es decir, en la dimensión del *común de los mortales*. Porque lo que tiene en común un poeta con alguien que no lo es, podríamos decir, es, precisamente, la ignorancia de lo que se es. Cuando un joven Rimbaud, por ejemplo, entrega *Una temporada en el Infierno*, sabemos que su autobiografía es la de una condena, un viaje por el Averno. Una genealogía de la locura, del despojo. Una autobiografía agravada y agravante que, simultáneamente, centra la escritura en el momento alucinatorio de la crisis poética, relata su genealogía y se esfuerza por abrir una salida. Claro que *Raíz de brezo* no constituye tronco alguno de la locura, pero sí de un despojo, y por eso la verdadera finalidad de esta autobiografía poética, que se extiende a lo largo de medio siglo, se fundamenta en configurar la constitución del sujeto-poeta: es la de una figuración y, por añadidura, desfiguración, del propio yo: «Porque con el oro / de la memoria parece / todavía hecha». Donde la autobiografía tiende a centrar la figura, la poesía la desmenuza, la dispersa y la desfigura: estamos manejando el astrolabio de sí mismo, del poeta, situando cada clave –el amor, la amistad, los lugares (Grecia, Italia, Canarias, Dublín, Almería…), las despedidas o aquello que el tiempo ha traído desde un momento importante- desde la latitud hasta la posición, pero no menos en lo obscuro.

[2] MICHAUX, Henri. 2004. *Œuvres complètes I*. Paris: Gallimard (Bibliothèque de la Pléiade), p. 73

A cada estrella su noche. Autobiografía, pues, pero también autografía, halografía, autonecrografía, heterografía… porque la poesía pone en escena todas las formas posibles de escritura. En intensidad y en elipsis. Si existe la autobiografía poética, solo puede ser elíptica, atravesando la biografía (agujereándola, desahogándola, cavando pozos y buscando agujeros de aire) en lugar de entretejerla en su continuidad. Una autobiografía hecha de epifanías o simplemente de apariencias y circunstancias. Eso es *Raíz de brezo*: una anciana en bicicleta, con un ramo de palma en una mano y un paraguas en la otra, tres muchachas anónimas que cantan una canción inesperada, una pulsera casual que se compra en tierra de volcanes e incluso un texto en prosa –el único del libro- que nos ventea al primer instante surrealista del poeta. Autobiografía en líneas quebradas, necesariamente incompleta, pues el poeta conoce la imposibilidad y la vanidad de la tarea autobiográfica: «Pago / por lo que dije, también por lo que callo». En definitiva, hay sin duda menos autobiografía poética que autobiografía de una poética, y que no se constituye en relevo de sí misma: en la historia de mi figura, parece decir el poeta almeriense, os invito a leer la historia de mis figuras. El pacto autobiográfico es aquí el de la poética misma, que se firma, se hace signo y nos signa «con un golpe / sobre la oración, durante / el sueño, a veces por juego».

Interrogarse sobre la naturaleza del sujeto lírico en esta *Raíz de brezo*, que desde luego corona una obra poética ineludible[3], rara vez infiel a sí misma, es prestar atención al desfase entre lo lírico y lo biográfico. Un *yo* en potencia, en ciernes, un hipersujeto o infrasujeto, una criatura compleja de tales rasgos aleatorios que el enfoque clásico de la autobiografía no bastaría para reunir sus rasgos. «Siento mi corazón y conozco a los hombres», pronuncia Rousseau[4]. Es la voz de una pluralidad, sí, pero también la disyunción entre el *yo* y el *mí* lo que la escritura subraya constantemente y con lo que experimenta. En consecuencia, el *yo* del poema es objeto de búsqueda(s), en los dos sentidos del término: objeto de investigación y de un proceso figurativo. El objeto de innumerables transacciones figuradas o el objeto de investigación, puesto bajo escrutinio, sospechado y mantenido a distancia. Esta acusación contra el sujeto lírico tiene su origen en una vieja historia de impagos: las deudas que el sujeto lírico tiene con su memoria. Sabemos cuánto miran hacia atrás los poetas. El poeta trabaja en lo obscuro, es un sujeto que mira hacia atrás. Como Orfeo a Eurídice. Como Apollinaire:

[3] Además de *Los días cardinales*, su obra se compendia en *Muestras de papel italiano* (2017), *De islas resonantes* (2018) y *Torre por el mar prendida* (2019), publicados en Cinca Monterde Editor, junto a decenas de poemas inéditos que aguardan aún futura publicación.

[4] ROUSSEAU, Jean-Jacques. 1973. *Les confessions*. Paris: Gallimard, p. 33

Or des vergers fleuris se figeaient en arrière [5]. Como, en fin, Julio García Caparrós: «Y aunque a veces te parezca / que se perdió en la antigua vorágine, / no dirás que no tuvimos tú y yo / nuestra propia leyenda dorada». También la autobiografía se vuelve hacia atrás (hacia o sobre el pasado, y hasta a la infancia). Pero no es para tomar la medida de una desaparición o de una pérdida: se trata más bien de subrayar una continuidad, partiendo de una génesis.

La poesía, en cambio, toma las medidas de un vacío (ya sea a partir de un melancólico *ubi sunt* o de un insistente *me acuerdo de*). Porque el poeta, ante todo, recuerda que recuerda. La poesía toma la medida de lo irremediable, de lo inmensurable, pero multiplicando, parcelando y desmenuzando las figuras del origen, de lo originario (para el poema, la menor circunstancia se convierte en origen). Imaginemos un retrato del poeta ya no como un adolescente, siquiera como un artista cachorro, sino como alguien que ahora camina hacia atrás por su memoria, sembrando migas de pan tras de sí, como una suerte de Pulgarcito. A no ser, claro está, que el poeta sea un Pulgarcito desde abajo, desde los patios traseros de una calle, el bulevar o el mercado, la estrada que nos lleva hacia un monasterio griego, los fondos de las cosas, pero en la medida en que siempre está avanzando, porque la poesía está constantemente avanzando, a través de sus mismos reveses: «Dame cualquier cosa / que todavía podamos recordar» o incluso un paseo por Dublín, en busca de la inhallable casa de alguien.

Ir más adelante sería ir más atrás, a lo que ha pasado antes, así como ir más lejos en el futuro. Ir más lejos, por ejemplo, sería decir, como Baudelaire, que uno tiene más recuerdos que si tuviera mil años: devenir hipermnésico, cargado de una memoria que no es, o no solo, o no todo, la propia. Una memoria más polibiográfica que autobiográfica. La memoria de todos los poemas, de todos los libros. Observarlo todo para hacer memoria. Recordemos, si no, la hermosa enseñanza talmúdica: *No basta que el hombre recuerde el Sabbat, sino que debe observarlo también.* Ah, pero si solo hiciéramos memoria, sin nada más, ¿de qué serviría? El poeta se desempeña en lo obscuro. Así, la perspectiva desde la que se produce la escritura es la de un lirismo crítico, es decir, una escritura lírica que no es solo celebratoria o sentimental, sino también una escritura lírica que se tensa por y hacia la alteridad (una prueba de la alteridad dentro y fuera de uno mismo) y que somete a escrutinio el empuje lírico. Como tal, es la autobiografía de una

[5] APOLLINAIRE, Guillaume. 2001. *Alcoholes. El poeta asesinado.* Madrid: Cátedra, p. 322 [Y atrás, quedaban ya inmóviles los huertos en flor]

sed: hablar de uno mismo es especificar por qué existe el poema, de dónde viene, cuál es su razón de ser.

De lo neutro e impersonal al *yo*, pasando por el *tú*, la dirección única... en otras palabras, que la poesía autobiográfica, como ésta de Julio García Caparrós, tiende a presentarse como la de un semejante. Ya lo hemos advertido antes: la poética, «que es del poema y es del Otro, es algo que se abre tanto como se cierra, herméticamente sellado, o que no se abre ni se cierra. Una suerte de poema vegetal, ni abierto ni cerrado, sólo con el lenguaje como apertura y cierre. El arte del contrapunto poético se mantendría precisamente en este lugar contradictorio de apertura y cierre. El poema no dejará, entonces, de contradecirse literalmente, de mantener un diálogo, de poner de manifiesto en sus intersticios, sus propias rupturas, sus confrontaciones de voz y sentido en sí mismo y dentro de la obra que lo acoge» [6]. Este diálogo consiste en lograr decir yo entre semejantes. Esa sería la preocupación del poema en su dimensión más autobiográfica.

Raíz de brezo se abre con una clave de bóveda que habrá de repetirse, bien que no siempre a la vista: «Todas las cosas que ahora / nos parecen importantes [...] / ya desde hace tiempo. / Fue más o menos así». Porque lo que se aventura no porta nombre. El lenguaje mismo es su dominio. Arrodillado, excava con ramas: un poco de tierra perturba el cielo, el instante patina entre los reflejos. *A orillas de cualquier parte, a poca distancia, en lo alto, cerca de*... se mezclan sus aguas. Los paisajes se superponen. Algún manantial imagina de pronto un borbotón, una corteza estalla, el torrente transparente de la memoria lo envuelve todo en su témpano. El acto indeterminado de escribir, sin motivo aparente, está siempre ligado a motivos tomados de la infancia y la vida que trae después todo lo que importa. Es una forma de soplar sobre las fotografías, de aprender *por fin* a vivir. El poeta se retira y recuerda. Ya no es más que este recuerdo. Escribir será su manera de recordar: «Si es que no pienso / en cómo era ayer». En sus libros, se escucha la autobiografía de una desaparición. Esta desaparición, repliegue de la escritura, acceso a la cámara del lenguaje. En la obra negra, lo obscuro, la cámara oscura del lenguaje, de lo vivido. De la autobiografía, la historia de un individuo, nos deslizamos hacia una historia del escritor, la historia de una figura que lentamente se da a luz a sí misma produciendo figuras.

[6]ARANA, Daniel. 2022. *Es necesario hablar. Cinco tratados literarios filosóficos.* León: Servicio de Publicaciones, Universidad de León; Valladolid: Ediciones Universidades de Valladolid, p. 187

Por eso las extraordinarias ilustraciones de Alicia García Arana, como una suerte de espejo, reflejan primero su duplicidad con el poema, retirando, en el mismo gesto, el doble juego de una ficción; arrojan luz sobre la paradoja de la teorización estética: formular la obra de arte, dar su regla y su principio de efectuación, al tiempo que nos recuerdan que todo está siempre a la espera de producirse. Se trata de un desvío constitutivo, que lleva la imagen al lugar mismo de la idea, del poema, y el tiempo al lugar donde de otro modo prevalecería el instante. De este modo, la estética solo puede sostenerse sucumbiendo a la propia poética. No se entenderían la una sin la otra, en diálogo que se forja, sin duda, por las imágenes que la sustentan y la dicción que se oculta en ellas: fábulas de lo visible, en las que se expresan el deseo, la sed de memoria.

En última instancia, la escritura poética, la escritura del poema, incluso la escritura *de uno mismo en el poema*, no consiste tanto en contar la historia del poeta como en decir y volver a contar obstinadamente la falta de historia y la falta de sujeto que le son propias. Lo que se describe, narra y figura en lo que deberíamos llamar su *soledad de tinta* (ya que hablamos de una negrura de tinta): su falta de cuerpo, su falta de contacto, su tacto sin contacto (el de la pluma sobre el papel). La autobiografía del poema: la autobiografía de su incapacidad para tomar forma, la autobiografía de una ausencia (la misma ausencia que tal vez explique por qué cada texto, cada segmento en el que se divide el libro, nos lleva a otro, en medio de una *Holzwege* que quizá no lleve a ninguna otra parte). La poesía es el amor al nombre (Desirée, Toti Palacios, Jesús García Segura, Yolanda…) y la obra del nombre. Los gestos del poema ocupan el lugar de la historia. Permitidme, pues, entonar ahora un *finis coronat opus*, pero solo para volver al principio. Porque solo desde el fin mismo regresaremos al inicio. Debemos seguir siendo exploradores, pues así nos ha sido dicho.

Daniel Arana
Zaragoza, 2024

Índice

Este libro se terminó de componer el 4 de mayo del año 2024 en Zaragoza. Exactamente ciento setenta y dos años después del nacimiento de Alice Liddell, la inspiradora de los dos relatos de Lewis Carroll, llenos de paradojas y sonrientes abismos.

Y es que todas las niñas se llaman Alicia,
aunque luego algunas cambien de nombre.

De los poemas:
Julio García Caparrós.

De las ilustraciones y la maquetación:
Alicia García Arana.

Del postfacio:
Daniel Arana.

Fotografía solapa:
Estefanía Orduna @freeyatits

Deposito Legal
Z / 1.096 - 2024.

ISBN
978-84-126635-7-0

CincaMonterdeEditor